MAPIAU PRINTIEDIG CYNNAR GYMRU

EARLY PRINTED MAPS OF WALES

D. Huw Owen

Llyfrgell Genedlaethol Cymru
The National Library of Wales
1996

ISBN 0 - 907158 - 92 - 7

Mae mapiau printiedig a gynhyrchwyd yn yr unfed ganrif ar bymtheg ac ar ddechrau'r ail ganrif ar bymtheg yn ffynonellau pwysig ar gyfer astudio hanes cartograffeg, a hefyd dopograffeg, diwylliant a chymdeithas gwahanol ardaloedd. Ymddangosodd Cymru yng ngweithiau gwneuthurwyr mapiau'r oesoedd canol, a oedd yn cynnwys mapiau llawysgrif o'r byd (y *mappae mundi*) y cedwir un o'r enwocaf ohonynt yn Llyfrgell Eglwys Gadeiriol Henffordd. Roedd y mapiau printiedig cynnar yn llawer gwell o ran eu techneg a'u cywirdeb. I wahanol raddau, bu cyfuniad o amcanion deallusol, hynafiaethol, masnachol, gwleidyddol a milwrol yn ddylanwad ar waith prif wneuthurwyr mapiau'r cyfnod modern cynnar.

Yn yr unfed ganrif ar bymtheg, roedd y cysuniad o Gymru fel gwlad ar wahân, ar y naill law'n un a oedd wedi hen ymsefydlu ac eto, ar y llall, yn un diweddar. Bu codi Clawdd Offa yn yr wythfed ganrif yn arwydd o wahanu trigolion Cymru'n gorfforol oddi wrth drigolion yr ardaloedd eraill hynny a fu gynt yn rhan o deyrnasoedd y Brythoniaid. Ar y llaw arall, o ganlyniad i oresgyniadau diwedd yr unfed ganrif ar ddeg a dechrau'r ddeuddegfed, a'r Goncwest Edwardaidd ddiwedd y drydedd ganrif ar ddeg, roedd trefn lywodraethu gymhleth ac amrywiol wedi datblygu yn yr Oesoedd Canol Diweddar, gan cynnwys arglwyddiaethau'r Mers a thiroedd a weinyddid gan swyddogion y brenin. Awgrymwyd nad oedd y gair "Wales" yn dderbyniol hyd yn oed fel disgrifiad daearyddol yn 1485. Sefydlwyd fframwaith wleidyddol a gweinyddol unffurf ar sail tair sir ar ddeg gan y Deddfau Uno (1536-1543). Yn ddiweddarach, dyluniwyd y siroedd hyn ar fapiau sirol Christopher Saxton, George Owen a John Speed.

Drwy gyfrwng y ddeddfwriaeth Uno, awdurdodwyd hefyd gynrychiolaeth i Gymru yn y Senedd. Humphrey Llwyd oedd Aelod Seneddol bwrdeisdref Dinbych yn 1563. Roedd yn frodor o Ddinbych, un o brif drefi Cymru yn yr unfed ganrif ar bymtheg, ac mae'n debyg fod ei gefndir yn egluro'r gwell dyluniad a gyflwynir o arfordir ac afonydd

Printed maps produced in the sixteenth and early-seventeenth centuries are important sources for the study of the history of cartography, and also of the topography, culture and society of various localities. Wales had been featured by medieval cartographers in their works, which included manuscript maps of the world (the *mappae mundi*) of which one of the most notable is that housed at the Hereford Cathedral Library. The early printed maps were far superior in terms of technical expertise and accuracy, and a combination of intellectual, antiquarian, commercial, political and military objectives influenced, to varying degrees, the work of the principal map-makers in the early-modern period.

In the sixteenth century, the concept of Wales as a separate country was, at the same time, both well-established and of recent origin. The building of Offa's Dyke in the eighth century had signified the physical separation of the inhabitants of Wales from those of other areas previously forming British kingdoms. On the other hand, as a consequence of the Norman invasions in the late-eleventh and early-twelfth centuries, and the Edwardian Conquest of the late-thirteenth century, a complex and disparate system of government had developed in the Later Middle Ages, comprising marcher lordships and territories administered by royal officials. It has been suggested that 'in 1485, the word "Wales" was not even an accepted geographical expression'. An uniform political and administrative framework based upon thirteen shires was established by the Acts of Union (1536-1543). These shires were later represented on the county maps of Christopher Saxton, George Owen and John Speed.

The Union legislation also authorised the parliamentary representation of Wales. Humphrey Llwyd was the Member of Parliament for the borough of Denbigh in 1563. He was a native of Denbigh, one of the major towns in sixteenth-century Wales, and his background probably explains the improved delineation of the coast and rivers of north Wales in his map of Wales, *Cambriae*

gogledd Cymru yn ei fap o Gymru, sef *Cambriae Typus*. Fe'i haddysgwyd yn Rhydychen, ac yna bu'n feddyg i Henry Fitzalan, deuddegfed Iarll Arundel, un o wŷr amlwg y Dadeni yn Lloegr. Roedd cael cyfle i gyfathrebu yn y Lladin, y Saesneg a'r Gymraeg, drwy gyfrwng y wasg argraffu, yn apelio at nifer o Gymry'r oes. Disgrifiwyd Humphrey Llwyd gan William Salesbury fel 'the Welshman most universally seen in history and most singularly skilled in rare subtleties'. Mae wedi'i ystyried hefyd yn 'un o'r dyneiddwyr Cymreig pwysicaf ac yn ffigwr allweddol yn hanes y Dadeni yng Nghymru'.

Un o nodweddion Oes y Dadeni a'r Ddysg Newydd oedd y diddordeb mewn ieithoedd brodorol a pharch at draddodiad. Fel cynrychiolydd seneddol bwrdeisdref Dinbych, roedd Humphrey Llwyd wedi cefnogi'r ymgyrch a arweiniodd at gyflwyno'r Ddeddf yn 1563, a orchmynnai i bum esgob sicrhau cyfieithiad o'r Beibl a'r Llyfr Gweddi Cyffredin i'r Gymraeg. Ar yr un pryd, ac yn cyd-fynd â'r astudio brwd ar hynafiaethau a pharch at draddodiad, cafwyd diddordeb cynyddol yn y Byd Newydd, a adlewyrchid yn nheithiau darganfod mentrus y darganfyddwyr. Mae cysylltiad rhwng y tueddiadau hyn sy'n ymddangosiadol groes i'w gilydd i'w weld yn y ffordd y cafodd ymdriniaeth Humphrey Llwyd â ffeithiau a ffantasïau hanesyddol a daearyddol ddylanwad ar Dr John Dee, y Cymro-Llundain hynod. Roedd ei weledigaeth yntau o ymerodraeth Brydeinig yn cynrychioli un o'r dylanwadau ar anturiaethau milwrol a masnachol oes Elizabeth.

Bu ymestyn gweithgarwch economaidd yn Ewrop, a safle Antwerp yn brif ganolfan fasnachol hefyd yn ddylanwad arwyddocaol ar hanes cartograffeg. Lluniwyd yr atlas daearyddol modern cyntaf, *Theatrum Orbis Terrarum* (1570), a'i olygu gan Abraham Ortelius a oedd yn byw ac yn gweithio yn Antwerp. Roedd y *Theatrum* yn waith hynod o boblogaidd gyda 42 argraffiad ffolio yn cael eu cyhoeddi rhwng 1570 a 1612, a'r testun cysylltiedig wedi'i gyflwyno yn Lladin, Iseldireg, Almaeneg, Ffrangeg, Sbaeneg, Saesneg neu

Typus. Educated at Oxford, he then served as physician to Henry Fitzalan, the twelfth Earl of Arundel, a prominent Renaissance figure in England. The opportunity of communicating in Latin, English and Welsh, by means of the printing press, appealed to a number of Welshmen at this time. William Salesbury described Humphrey Llwyd as 'the Welshman most universally seen in history and most singularly skilled in rare subtleties'. He has also been considered to be 'one of the most important of Welsh humanists and a key figure in the history of the Renaissance in Wales'.

An increased interest in vernacular languages and respect for tradition was a feature of the Age of Renaissance and of the New Learning. As the parliamentary representative for the borough of Denbigh, Humphrey Llwyd had supported the campaign which had led to the Act, passed in 1563, commanding five bishops to ensure the translation into the Welsh language of the Bible and the Book of Common Prayer. At the same time, the enthusiastic study of antiquity, and respect for tradition were accompanied by an increasing interest in the New World, as reflected in the enterprising journeys of discovery. A connection between these apparently contradictory trends may be seen in the influence of Humphrey Llwyd's dissemination of historical and geographical facts and fantasies upon Dr John Dee, the remarkable London-Welshman. His vision of a British empire, in turn, represented one of the influences upon the military and commercial enterprises of the Elizabethan era.

The expansion of economic activity in Europe, and the dominance of Antwerp as a commercial centre again had significant implications for the history of cartography. The first modern geographical atlas, *Theatrum Orbis Terrarum* (1570), was compiled and edited by Abraham Ortelius who lived and worked in Antwerp. The *Theatrum* was an extremely popular work with 42 folio editions published between 1570 and 1612 and the accompanying text presented in Latin, Dutch, German, French, Spanish, English or Italian. Sir Richard Clough, the merchant who, like

Eidaleg. Roedd Syr Richard Clough, y masnachwr, a oedd, fel Humphrey Llwyd, yn frodor o Ddinbych, hefyd yn gweithio yn Antwerp ac mae'n debyg mai ef fu'n gyfrifol am roi gwybod i Ortelius am waith Humphrey Llwyd. Ym mis Awst 1568, ychydig cyn iddo farw, ysgrifennodd Llwyd at Ortelius o Ddinbych. Cyfeiriodd at ei salwch, ond er hynny mynnodd gynnwys, gyda'i lythyr, fap anghyflawn o Gymru a dau fap o Loegr. Cynhwyswyd map Humphrey Llwyd o Gymru, *Cambriae Typus*, a'i fap o Loegr a Chymru yn yr *Additamentum*, atodiad i *Theatrum....* Ortelius, a gyhoeddwyd yn 1573.

Roedd map Llwyd o Gymru, dan y teitl *Cambriae Typus*, **[gweler Platiau 1 a 4]** wedi'i ysgythru'n gain. Yn mesur 456 wrth 348mm (18" x 13³/₄") dangosid y raddfa 1 modfedd i 8.2 milltir yn y gongl chwith isaf. Ymhlith y nodweddion addurniadol eraill yr oedd y teitl, y llythrennu a'r lluniau o long gyda thri hwylbren ym Mae Ceredigion a chreadur môr ger Abergwaun. Dangosid mynyddoedd a fforestydd yn ddarluniadol. Roedd yr amlinelliad o arfordir Cymru'n gryn welliant ar fapiau cynharach, ond rhai o'r diffygion oedd methu â dangos Gŵyr, cynnig awgrym yn unig o Fae Sain Ffraid, ac ystumio Penrhyn Llŷn, Môn ac Aberdaugleddau. Dangosir afonydd Gogledd Cymru'n gywir ond darlunnir y rheini a lifai i Sianel Fryste yn ddeiagramatig ac yng ngorllewin Cymru, roedd enwau afon Rheidol ac afon Ystwyth wedi'u cyfnewid. Ar y cyfan, roedd y trefi wedi'u lleoli'n gywir, ond un camgymeriad amlwg oedd camosod Merthyr Tudful. Nodir enwau traddodiadol gwledydd Cymru yn y Lladin, y Saesneg a'r Gymraeg ac maent yn cynnwys 'Venoditia' (Gwynedd), 'Povisia' (Powys), 'Dehenbartia' (Deheubarth), mewn priflythrennau, a hefyd, mewn llythrennau llai, 'Meridnia' (Meirionnydd), 'Ceretica' (Ceredigion), 'Brecheinoc' (Brycheiniog), 'Morgannuc' (Morgannwg) a 'Gwent'. Defnyddir y dair iaith hefyd ar gyfer enwau lleoedd. Mae'r ffurfiau dwyieithog (Cymraeg/Saesneg) yn cynnwys 'Trenewidd'/'Newthon', 'Abertyvi'/'Cardigan', 'Aberhodni'/'Breknoke', 'Abertawy'/'Swansey', a 'Caerdhydh'/'Cardyf'. Efallai mai'r arfer o

Humphrey Llwyd, was a native of Denbigh, also worked in Antwerp and he was probably responsible for informing Ortelius of the work of Humphrey Llwyd. In August 1568, shortly before his death, Llwyd wrote to Ortelius from Denbigh. He referred to his illness but yet was concerned to enclose with his letter an incomplete map of Wales and two maps of England. Humphrey Llwyd's map of Wales, *Cambriae Typus*, and his map of England and Wales were incorporated in the *Additamentum*, a supplement to Ortelius's *Theatrum...*, published in 1573.

Llwyd's map of Wales, entitled *Cambriae Typus*, **[see Plates 1 and 4]** was finely engraved. Measuring 456 by 348mm. (18" x 13³/₄") the scale of 1 inch to 8.2 miles was displayed in the lower left-hand corner. Other decorative features included the title, lettering and illustrations of a ship with three masts in Cardigan Bay and a sea-creature near Fishguard. Mountains and forests were depicted pictorially. The outline of the Welsh coast was a considerable improvement on earlier maps, but defects included the failure to denote Gower, the mere suggestion only of St. Bride's Bay and a distortion of the Lleyn Peninsula, Anglesey and Milford Haven. There was an accurate representation of rivers in north Wales, but those entering the Bristol Channel were shown in diagrammatic form and in west Wales the names of the rivers Rheidol and Ystwyth were transposed. On the whole, towns were accurately located, but one glaring lapse was the mis-placing of Merthyr Tudful. The names of traditional Welsh kingdoms (*gwledydd*) are presented in Latin, English and Welsh, and they include 'Venoditia' (Gwynedd), 'Povisia' (Powys), 'Dehenbartia' (Deheubarth), in capital letters, and also, in lower-case letters 'Meridnia' (Meirionnydd), 'Ceretica' (Ceredigion), 'Brecheinoc' (Brycheiniog), 'Morgannuc' (Morgannwg) and 'Gwent'. The three languages are also used for place-names. Bilingual (Welsh/English) forms include 'Trenewidd'/'Newthon', 'Abertyvi'/'Cardigan', 'Aberhodni'/'Breknoke', 'Abertawy'/'Swansey', and 'Caerdhydh'/'Cardyf'. Errors or inconsistencies may well be explained by the

Dublin

Ynys Adar i insula autem
olim, nunc verò, ynys Moyl
Rhoniaid, i insula
phocarum, B.
yßcryd A.
Adras, L.

Mona insula L.
Anglesey A.
Mon. B.

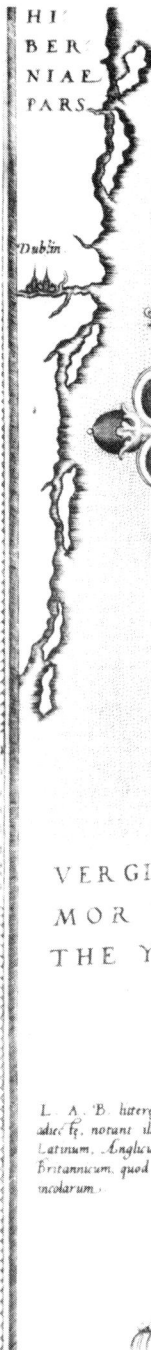

**CAMBRI
AE TYPVS**
Auctore
**HVMFRE
DO LHV:
YDO**
*Denbigiense Cam
brobritāno.*

VE

Arfo

Lhyn.

Lynnn Ptol
Ynys. Enlh. B
Bardsley A

VERGIVIVM SIVE HIBERNICVM MARE

MOR WERIDH, *Britannis,*

THE YRISHE OCEANE, *Angli*

Aberyst
rēn

Cere

Aberawon
Tref
aaeth
Newport A

Deme tia

DE HEN

Cant

L. A. B. literæ, vocabulis
adiect̄q; notant illud esse
Latinum, Anglicum, aut
Britannicum, quod est
incolarum.

Menenia L.
Saynt Dauyes A
Ty Dewy B

Ramsey A
Lymmen B.

Roch

A Herfordwest
B Hwffordh

R ofsia, Hic
(Flandri à sinibus suis munda
tione insaru expulsi, ab Henrico
I. Wld helmi F. misi; in mores ef
qui duces à Cambris lingua
maribus diuersi sunt
nolüntur.

S. Clere

Tala-cha
ru

Wal
ton

Selam
OCTOPITA

gyflogi artistiaid neu ysgythrwyr tramor sy'n egluro'r camgymeriadau neu'r anghysonderau.

Gwnaed cysylltiadau rhyngwladol, fel y rheini a ffurfiwyd rhwng Humphrey Llwyd ac Abraham Ortelius, ar adeg pan roddid pwyslais cynyddol ar sofraniaeth genedlaethol a'r syniad o'r 'wladwriaeth genedlaethol'. Cyfrannodd hyn at y gefnogaeth a gafwyd mewn sawl gwlad yn Ewrop i'r Digwygiad Protestannaidd. Ym Mhrydain, yn ogystal, roedd ofn gwirioneddol ymosodiad ac ystyrid arfordir Cymru'n darged arbennig o fregus. Mae ystyriaethau gwleidyddol a milwrol yn sicr yn egluro'r gefnogaeth a roddwyd gan lywodraeth ganol i arolwg topograffig Christopher Saxton i Gymru a Lloegr, a wnaed yn y cyfnod 1573-8, ac a gyhoeddwyd ar ffurf atlas yn 1579, ac fel map wal yn 1583. Mae'n debyg bod Christopher Saxton wedi'i hyfforddi'n gartograffydd gan y clerigwr John Rudd, yntau'n hanu o Swydd Efrog. Cyflogwyd Saxton gan Thomas Seckford, y cyfreithiwr a'r gwas sifil a fu'n Feistr Ceisiadau ac Arolygwr y Cwrt Gward, ac a ddarparodd gefnogaeth ariannol i fentrau arolygon Christopher Saxton, ei 'was'. Un o gydfyfyrwyr Seckford yn Gray's Inn oedd William Cecil, ŵyr Dafydd Seisyll a oedd wedi ymadael ag Ergyng, yn Swydd Henffordd, a oedd yr adeg hynny yn gymuned Cymraeg ei hiaith i geisio swydd yn Llundain yn ystod teyrnasiad Harri VII. Rhoddodd William Cecil, a ddaeth yn ddiweddarach yn Arglwydd Burghley, ac yn ffigwr o bwys yn llys y Frenhines Elizabeth, ei gefnogaeth lwyr i arolwg Saxton a derbyniodd broflenni o'r amrywiol fapiau a gynhyrchwyd gan Saxton. Gorchmynnwyd Ynadon Cymru yn 1576 i ddarparu tywyswyr i Saxton 'such as do best know the cuntray' a hefyd 'set forth a horseman that can speke both Welsh and Englishe to safe conduct him to the next market towne'. Yn 1597, wedi iddo gwblhau ei atlas, cyflwynwyd arfbais i Saxton 'in respect of the worthiness of the said Christopher Saxton who by special direction & commandment from the Queenes Majesty hath endeavoured to make a perfect Geographical discripcion of all the severall shires and counties within this realm'.

practice of employing foreign artists or engravers.

International contacts, such as those forged between Humphrey Llwyd and Abraham Ortelius, were made at a time when an increasing emphasis was placed on national sovereignty and on the concept of the 'nation state'. This contributed to the support rendered in many countries of Europe to the Protestant Reformation. In Britain there was also a very real fear of an invasion and the coast of Wales was considered to be a particularly vulnerable target. Political and also military considerations undoubtedly explain the support given by the central government to Christopher Saxton's topographical survey of England and Wales, undertaken in the period 1573-8, which resulted in the publication of his atlas in 1579, and wall map in 1583. Christopher Saxton had probably been trained as a cartographer by his fellow-Yorkshireman, the cleric John Rudd. He was employed by Thomas Seckford, the lawyer and civil servant, who held the posts of Master of Requests and Surveyor of the Court of Wards, and provided financial support for the surveying enterprises of Christopher Saxton, his 'servant'. Seckford's contemporary as a student at Gray's Inn was William Cecil, the grandson of Dafydd Seisyllt who had left the Welsh-speaking community of Ergyng, in Herefordshire, for employment in London during the reign of Henry VII. William Cecil, later Lord Burghley, a dominant figure in the court of Queen Elizabeth, gave his full support to Saxton's survey and he received proof states of the various maps produced by Saxton. Magistrates in Wales in 1576 had been required both to provide Saxton with guides 'such as do best know the cuntray' and also to 'set forth a horseman that can speke both Welsh and Englishe to safe conduct him to the next market towne'. In 1579, following the completion of his atlas, Saxton received a grant of arms 'in respect of the worthiness of the said Christopher Saxton who by special direction & commandment from the Queenes Majesty hath endeavoured to make a perfect Geographical discripcion of all the severall shires and counties within this realm'.

vulgo Wallia nuncupatum
vna cum singulis eiusdem
pouinciæ Comitatibus
et suis vndiq confinibus
Vera discriptio Aᵒ Dⁿ 1580

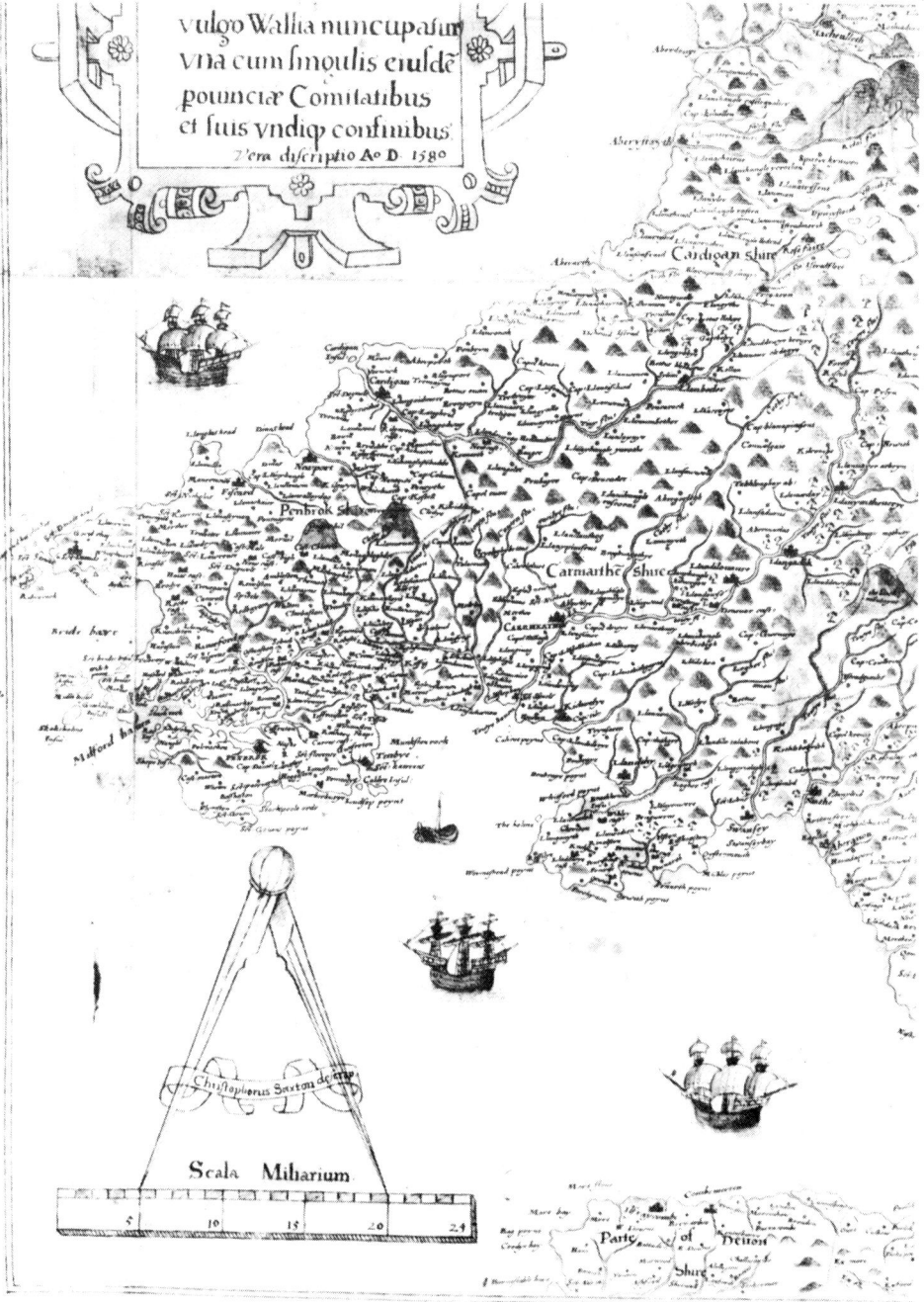

Cardigan shire

Aberyth

Penbrok Shire

Carmarthe Shire

Carmar

Milford hate

Brode hate

Scala Miliarium

Christophorus Saxton de...

5   10   15   20   24

Parte of Deuon Shire

2

Ymddengys i'r mapiau o siroedd Cymru a Lloegr fod ar gael yn y lle cyntaf fel taflenni unigol ac fe'u cyhoeddwyd yn y diwedd fel atlas yn 1579. Ymddangosodd tair sir ar ddeg Cymru ar saith map gyda Sir Benfro, Sir Fynwy a Morgannwg yn cael eu cyflwyno ar daflenni unigol; Môn a Sir Gaernarfon, Sir Ddinbych a Sir Fflint, a Sir Drefaldwyn a Sir Feirionnydd wedi'u cyfuno ar un daflen yr un a chyfuno pedair sir, Sir Faesyfed, Sir Frycheiniog, Sir Aberteifi a Sir Gaerfyrddin, ar un daflen. Cyflwynwyd y map wal o Gymru a Lloegr, a gyhoeddwyd yn 1583, gan Thomas Seckford i'r Frenhines Elizabeth ac mae'n debyg mai dyma'r map y cyfeiriwyd ato yn 1592 gan ymwelydd â thy'r Arglwydd Burghley yn Swydd Hertford. Map ar raddfa fawr o Gymru a Lloegr oedd hwn wedi'i ysgythru ar ugain plât ar raddfa o ryw saith milltir i'r fodfedd. Ymddengys bod cysylltiad uniongyrchol rhwng y map wal hwn a'r map o Gymru a brynodd Llyfrgell Genedlaethol Cymru yn 1986. Ar y map hwn **[gweler Platiau 2, 3, 5, 7, 8 a'r cloriau blaen a chefn]** dangosir y dyddiad: 1580 ac enw'r syrfewr: Christopher Saxton: ac mae'r map yn amlwg yn gynnyrch arolwg topograffig Saxton o Gymru a Lloegr (1573-8). Y raddfa oedd 4 modfedd i 25 milltir ac roedd y map, yn mesur 593 x 480mm (23³/₈" x 19") yn cynnwys dwy daflen ddalen-ddwbl gyda darnau wedi'u torri o'r ddwy daflen arall. Cyflwynir amlinelliad daearyddol sylfaenol o Gymru a siroedd cyffiniol Lloegr ac mae hyn yn welliant sylweddol ar yr amlinelliad a ddangosid ar fapiau cynharach o Gymru, gan gynnwys map Humphrey Llwyd a gyhoeddwyd gan Abraham Ortelius yn 1573. Am y tro cyntaf, ceir cynrychiolaeth gartograffig gywir o Ynys Môn, Bae Sain Ffraid a Phenrhynau Llŷn a Gŵyr.

Mae astudiaeth gymharol o fapiau 1580 a 1583 yn dangos bod nifer fawr o nodweddion sydd yr un ffunud â'i gilydd ond bod ynddynt hefyd elfennau sy'n amlwg wahanol. Mae'r rhain yn cynnwys defnyddio ffurfiau llythrennau bach (mewn llawysgrif) ar gyfer enwau'r siroedd ym map 1580 a ffurfiau prif lythrennau ar fap wal 1583. Nid yw symbolau coed yng Nghoedwig Dena Sir Fynwy a Swydd

The maps of the English and Welsh counties initially seem to have been made available as single sheets and they were finally issued as an atlas in 1579. The thirteen shires of Wales appeared on seven maps with Pembrokeshire, Monmouthshire and Glamorgan presented on single sheets; Anglesey and Caernarfonshire, Denbighshire and Flintshire, and Montgomeryshire and Merioneth combined on one sheet each, and a grouping of four shires, Radnorshire, Brecknockshire, Cardiganshire and Carmarthenshire, on one sheet. The wall-map of England and Wales, published in 1583, was dedicated by Thomas Seckford to Queen Elizabeth and was probably the map which was noted in 1592 by a visitor to Lord Burghley's house at Theobalds in Hertfordshire. This was a large-scale map of England and Wales, engraved on to twenty plates to a scale of about seven miles to an inch. There appears to be a direct relationship between this wall-map and the map of Wales acquired by the National Library of Wales in 1986. On this map **[see Plates 2, 3, 5, 7, 8 and front and reverse covers]** is provided the date: 1580: and the name of the surveyor: Christopher Saxton: and the map is clearly a product of Saxton's topographical survey of England and Wales (1573-8). The scale was 4 inches to 25 miles and the map, measuring 593 x 480mm. (23³/₈" x 19") comprised two double-page sheets with portions cut out from another two sheets. The basic geographical outline of Wales and of the neighbouring English shires is presented and there is a considerable improvement on the outline depicted on earlier maps of Wales, including Humphrey Llwyd's map published by Abraham Ortelius in 1573. For the first time, the correct cartographic representation is provided of Anglesey, St. Bride's Bay, and the Lleyn and Gower Peninsulas.

A comparative study of the 1580 and 1583 maps indicates that there were many identical features but also some significant elements of contrast. These include the use of lower-case forms (in manuscript) for the names of the shires in the 1580 map and of capital forms in the 1583 wall-map. Tree symbols in the

Radnor
Shire
Brecknok
Shire
Herford
Shire
Wor
cester
Shire
Monouth
Shire
Glamorgan
Shire
Parte of
Sabrina flu
Glocester
Shire
Parte
of
Somerset
Shire

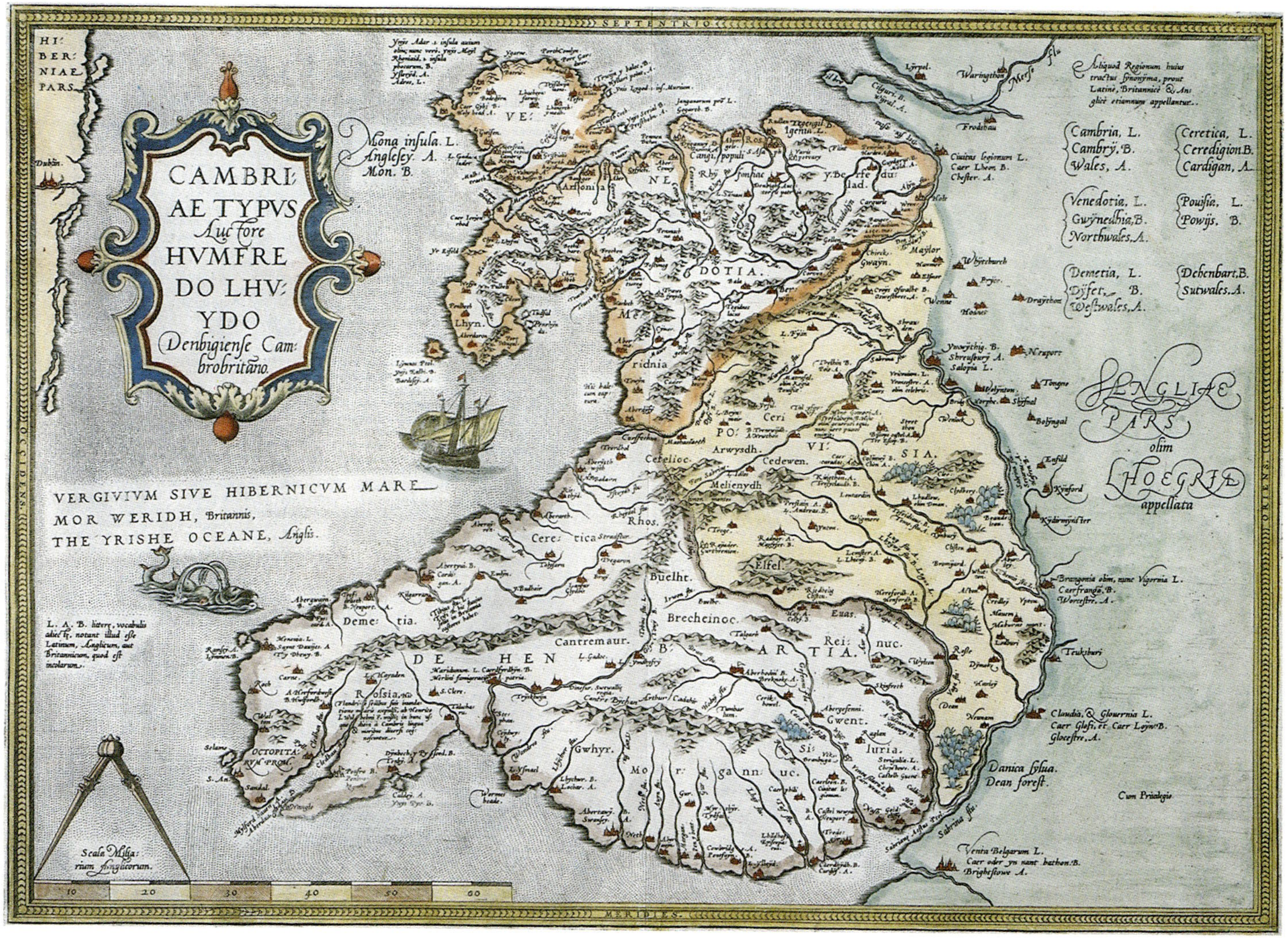
CAMBRIAE TYPUS Auctore HUMFREDO LHUYDO Denbigiense Cambrobritano.
VERGIVIUM SIVE HIBERNICUM MARE
MOR WERIDH, Britannis,
THE YRISHE OCEANE, Anglis.
HIBERNIAE PARS
SEPTENTRIO
MERIDIES
OCCIDENS
ORIENS
Mona insula. L.
Anglesey. A.
Mon. B.
Cambria. L.
Cambry. B.
Wales. A.
Ceretica. L.
Ceredigion B.
Cardigan. A.
Venedotia. L.
Gwynedhia. B.
Northwales. A.
Pouisia. L.
Powijs. B.
Demetia. L.
Dyfet. B.
Westwales. A.
Debenbart. B.
Sutwales. A.
ANGLIAE PARS olim LHOEGRIA appellata
Danica sylua.
Dean forest.
Cum Privilegio
Scala Milliarium Anglicorum.
10 20 30 40 50 60
L. A. B. literae, vocabulis adiectae, notant illud esse Latinum, Anglicum, aut Britannicum, quod est incolarum.

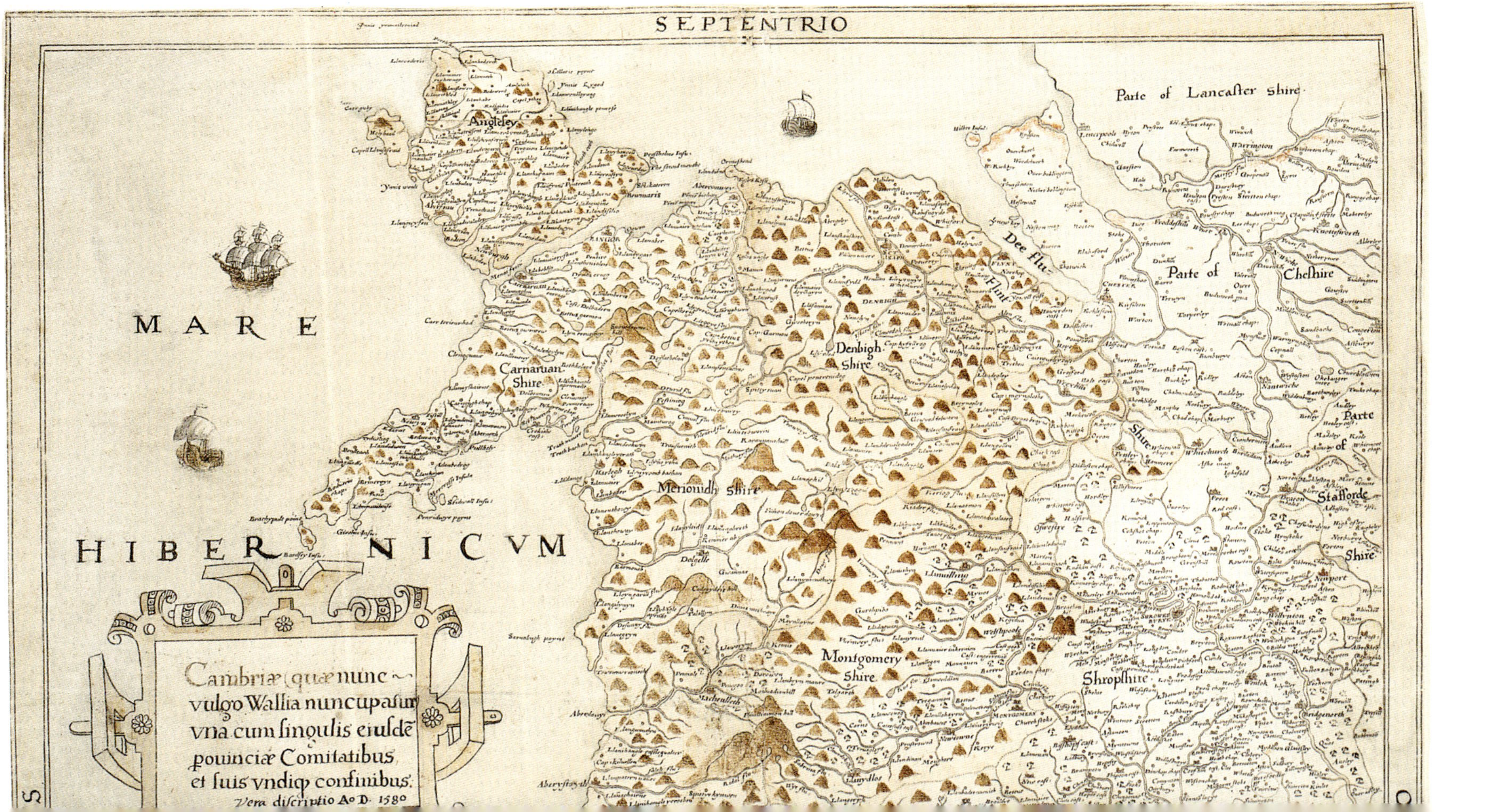
SEPTENTRIO
MARE HIBERNICVM
Parte of Lancaster Shire
Parte of Cheshire
Dee flu
Flint
Anglesey
Carnarvan Shire
Denbigh Shire
Merioneth Shire
Montgomery Shire
Shropshire
Parte of Stafforde Shire
Cambriæ (quæ nunc vulgo Wallia nuncupatur) vna cum singulis eiusdē pouinciæ Comitatibus et suis vndiq; confinibus.
Vera discriptio Ao D. 1580

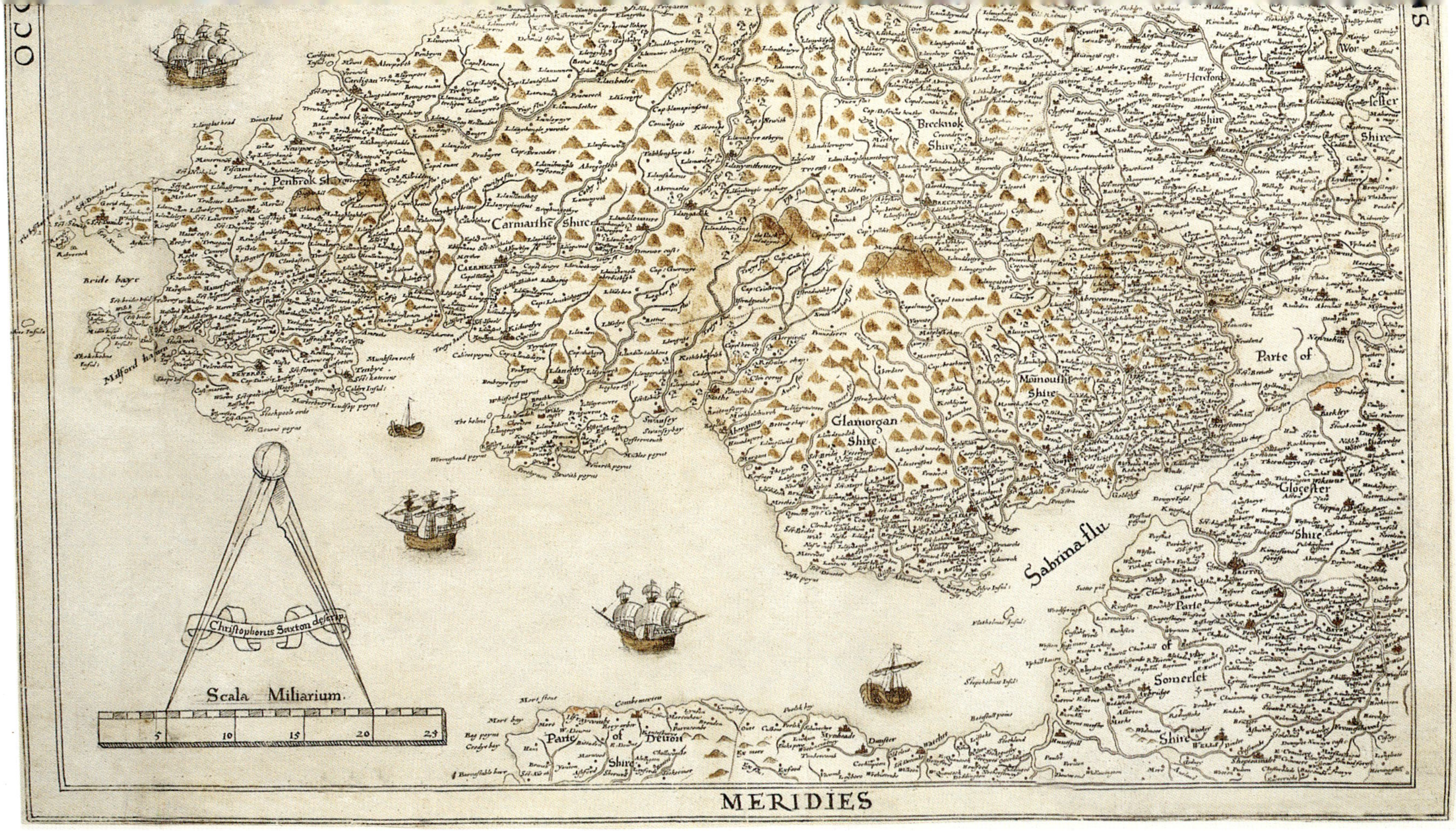

Pembrok Shire
Carmarthe Shire
Brecknok Shire
Herford Shire
Glamorgan Shire
Monmouthe Shire
Parte of
Glocester Shire
Parte of Somerset Shire
Parte of Devon Shire
Sabrina flu.
Christophorus Saxton describ.
Scala Miliarium
5
10
15
20
25
MERIDIES

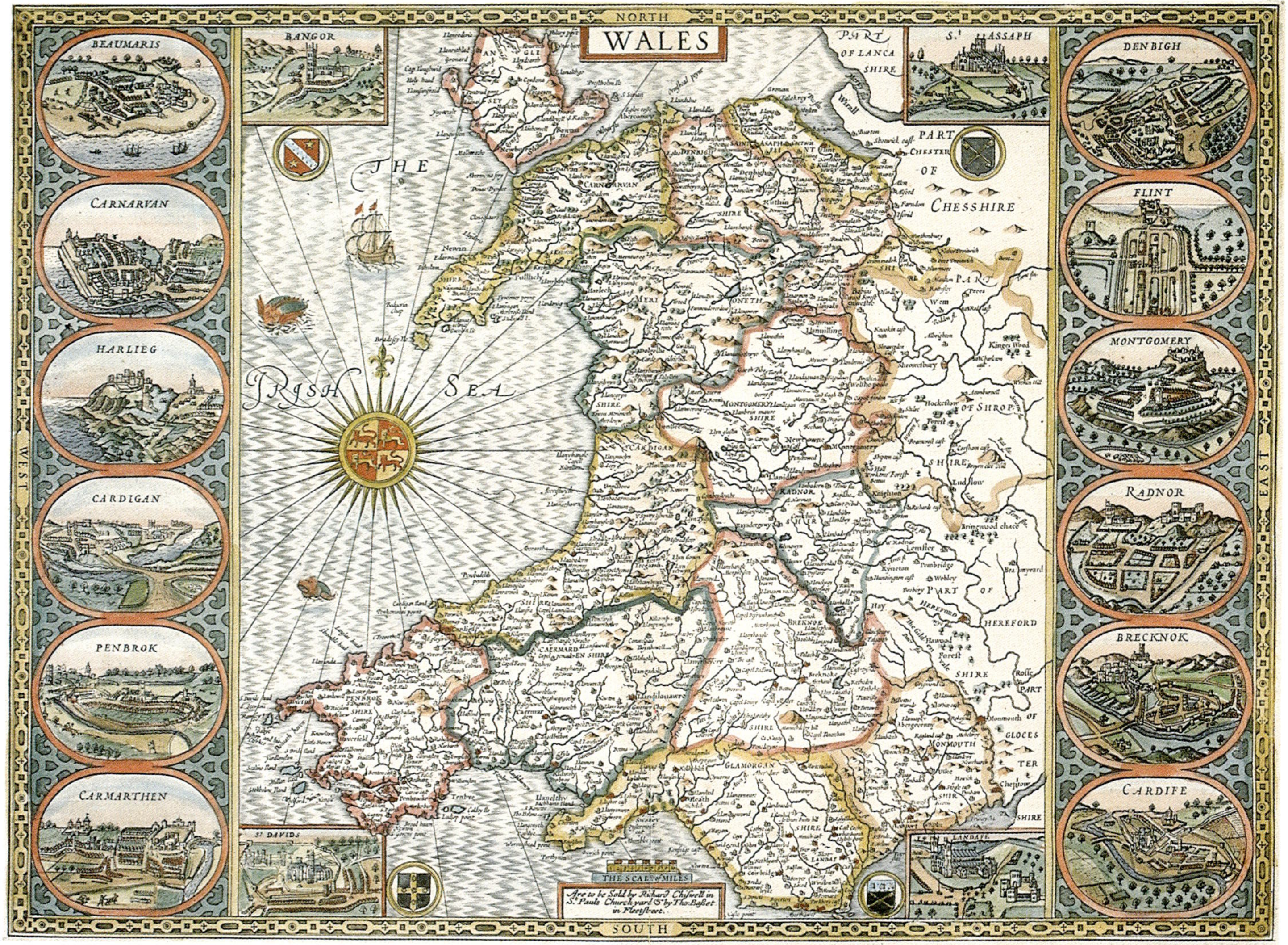
NORTH
WALES
SOUTH
WEST
EAST
BEAUMARIS
CARNARVAN
HARLIEG
CARDIGAN
PENBROK
CARMARTHEN
BANGOR
S.T ASSAPH
DENBIGH
FLINT
MONTGOMERY
RADNOR
BRECKNOK
CARDIFE
ST DAVIDS
LANDAFF
THE IRISH SEA
PART OF LANCA SHIRE
PART OF CHESSHIRE
PART OF SHROP SHIRE
PART OF HEREFORD SHIRE
PART OF GLOCES TER SHIRE
THE SCALE of MILES
Are to be Sold by Richard Chiswell in S.t Pauls Church yard & by Tho: Basset in Fleetstreet.

Gaerloyw'n ymddangos ym map 1580, tra bo'r enwau 'Dee flu' a 'Sabrina flu' a gyflwynwyd ar ffurf llawysgrif ym map 1580 wedi'u hepgor o'r map diweddarach. Creir argraff gref fod map 1580 yn cynnwys nodweddion a gyflwynwyd ar ffurf ysgythredig ac ar ffurf llawysgrif. Mae'r twmpathau pridd, a ddefnyddir i ddarlunio'r bryniau, i'w gweld mewn ffurf ysgythredig a llawysgrif. Mae rhai nodweddion, gan gynnwys yr amlinelliad daearyddol, ffiniau'r siroedd, symbolau'r trefi ac enwau'r afonydd, wedi'u hysgythru. Ar y llaw arall, mae'r wyth llong hwylio, y sumbolau coed, y bar-raddfa a'r rhaniadau, enwau'r siroedd (yn Saesneg) a'r teitl (yn Lladin), mewn 'cartouche' nodweddiadol, yn ymddangos mewn ffurf llawysgrif.

Efallai mai proflen ar gyfer map wal 1583 o Gymru a Lloegr oedd map 1580. Ar y llaw arall, mae cynnwys y teitl, sy'n nodi'n fanwl mai map o Gymru oedd hwn: 'Cambriae (quae nunc vulgo Wallia nuncupatur) una cum singulis eiusde(m) p(ro)vinciae Comitatibus, et suis undiq(uae) confinibus'; yn awgrymu bod Saxton wedi bwriadu cynhyrchu map ar wahân o Gymru ond na chwblhawyd mo'r gwaith hwnnw. Mae ffurf y map hefyd yn cefnogi'r farn hon. Mae ffin Cymru a Lloegr wedi'i nodi'n glir a disgrifir adrannau perthnasol y siroedd cyffiniol fel 'Parte of Lancaster shire', 'Parte of Cheshire', 'Parte of Devon'. Datgelodd archwiliad manwl o'r map yn Llyfrgell Genedlaethol Cymru ddyfrnod sy'n ymddangos ddwy waith, sef dyfrnod o fath 'sypyn o rawnwin', y sylwyd arno hefyd yn *Atlas of England and Wales* Saxton (1579).

Cafodd arolwg Saxton, ynghyd â *Cambriae Typus*, gan Humphrey Llwyd, ddylanwad uniongyrchol ar waith John Speed. Ganwyd John Speed yn Farndon, Swydd Gaer, yn 1552, ac roedd yn deiliwr wrth ei alwedigaeth, fel ei dad yntau. Hanes a chartograffeg, serch hynny oedd yn mynd â'i fryd, ac yn 1611, cyhoeddodd ei *Theatre of the Empire of Great Britain* nodedig. Rhannwyd y *Theatre* yn bedwar 'llyfr' sef Lloegr, Cymru, Yr Alban ac Iwerddon. Roedd 'The Seconde Booke: containing the Principality of Wales', yn

Forest of Dean in Monmouthshire and Gloucestershire do not appear in the 1580 map, whilst the names 'Dee flu' and 'Sabrina flu', which had been presented in manuscript form in the 1580 map, were omitted from the later map. A strong impression is created that the 1580 map contained features presented in both engraved and manuscript form. The distinctive molehills appear both in engraved and manuscript form. Some features, including the geographical outline, county boundaries, town symbols and town and river names were engraved. On the other hand the eight sailing vessels, tree symbols, scale-bar and dividers, the county names (in English) and the title (in Latin), within a characteristic cartouche, appear in manuscript form.

The 1580 map may have been a proof for the 1583 wall-map of England and Wales. On the other hand, the inclusion of the title, explicitly stating that this was a map of Wales: 'Cambriae (quae nunc vulgo Wallia nuncupatur) una cum singulis eiusde[m] p[ro]vinciae Comitatibus, et suis undiq[uae] confinibus': suggests that Saxton intended to produce a separate map of Wales but that this project was never completed. The format of the map also supports this view. The boundary of Wales and England is clearly marked and the relevant sections of neighbouring shires are described as 'Parte of Lancaster shire', 'Parte of Cheshire', 'Parte of Devon'. A detailed scrutiny of the map at the National Library of Wales revealed a watermark which appeared twice. This was identified as a mark, of the 'bunch of grapes' type, which had also been observed in Saxton's *Atlas of England and Wales* (1579).

Saxton's survey, together with Humphrey Llwyd's *Cambriae Typus*, had a direct influence on the work of John Speed. Born at Farndon, in Cheshire, in 1552, John Speed was by trade a tailor, as also was his father. History and cartography, however, were his main interests, and in 1611 he published his celebrated *Theatre of the Empire of Great Britain*. The *Theatre* was divided into four 'books', featuring England, Wales, Scotland and Ireland. 'The

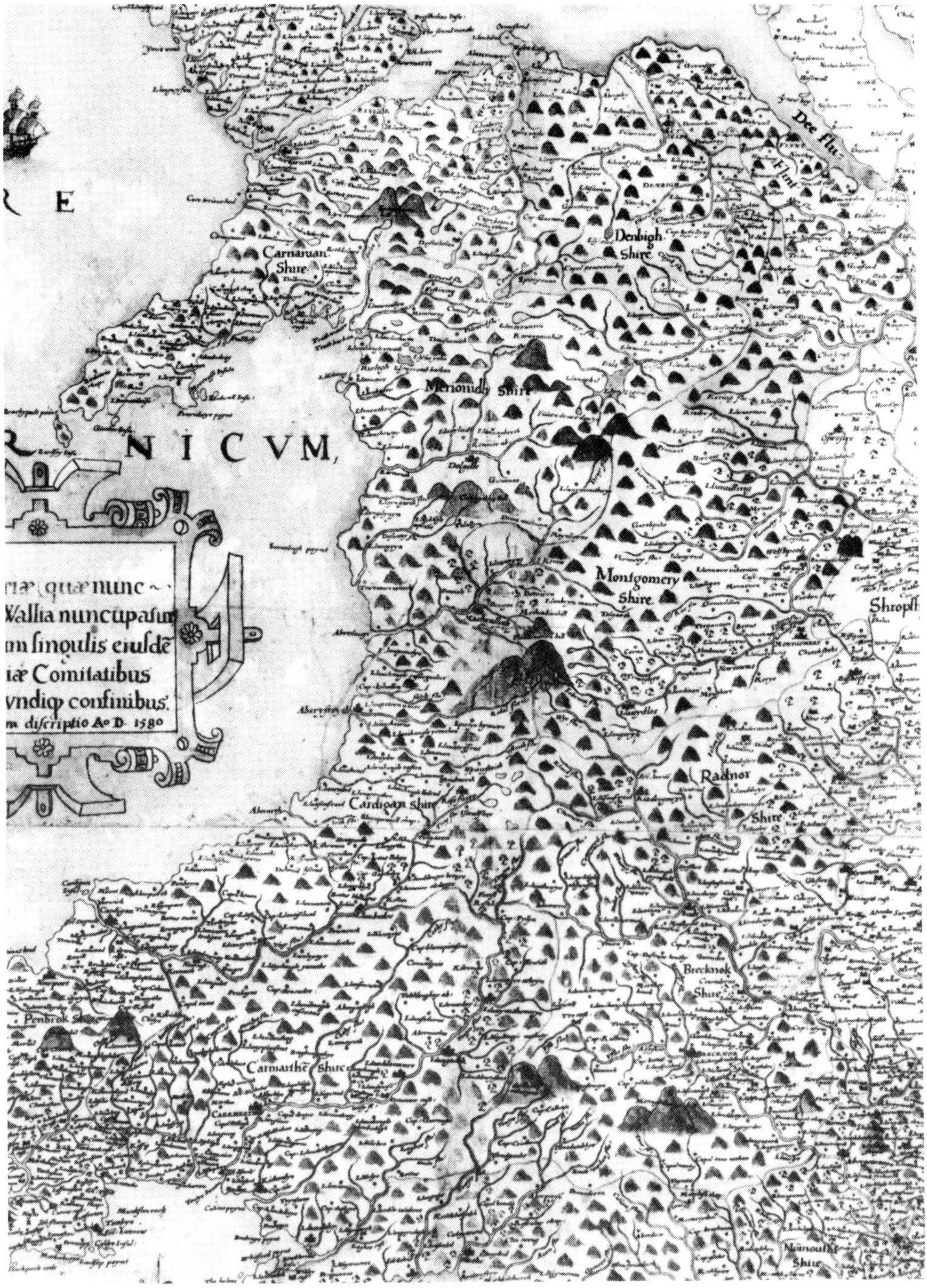

R E
NICVM
riæ (quæ nunc
Wallia nuncupatur
um singulis eiusdē
iæ Comitatibus
vndiq confinibus
m discriptio Aᵒ D. 1580
Carnarvan Shire
Denbigh Shire
Dee flu.
Flint
Merionidh Shire
Montgomery Shire
Shropsh
Radnor Shire
Cardigan Shire
Brecknok Shire
Carmarthe Shire
Monmouth Shire

cynnwys map o Gymru, **[gweler Platiau 6 a 9]** mapiau dair sir ar ddeg Cymru gyda sylwadau ar y rhaniadau gwleidyddol, nodweddion daearyddol ac agweddau hanesyddol. Ymddangosodd y map o Gymru mewn cyfrol ffolio gyda'r dalennau'n mesur 480 x 280mm (19" x 11"). Y raddfa oedd $^1/_8$ modfedd i 10 milltir. Seiliwyd y teitl '*Theatre...* ar *Theatrum Orbis Terrarum* Abraham Ortelius a oedd yn cynnwys yn argraffiad 1573, fap Humphrey Llwyd o Gymru. Roedd fynonellau dogfennol Speed yn cynnwys cyfieithiad Humphrey Llwyd o'r *History of Cambria, now called Wales* gan Dr. David Powel, a hefyd ddisgrifiad Syr John Price o raniadau tiriogaethol hanesyddol Cymru. Seiliwyd amlinelliad y map o Gymru yn y *Theatre* ar fap Saxton. Cyfaddefodd Speed iddo 'put my sickle into other mens corne', a chydnabu bod ganddo ddyled i gartograffwyr a hynafiaethwyr eraill. Mae'n debyg bod yr olaf yn cynnwys ei gydaelodau yng Nghymdeithas yr Hynafiaethau, a sefydlwyd yn 1586, megis Francis Tate, a oedd wedi gwasanaethu fel Ail Ustus Cylchdaith Brycheiniog y Sesiwn Fawr rhwng 1608 a 1616, Richard Broughton, Ail Ustus Cylchdaith Gogledd Cymru rhwng 1599 a 1604, a John Jones Gellilfydi, y copïydd o Gymro. Mae'n bosibl hefyd i Syr John Wynn o Gwydir fod yn un o'r bonheddwyr hynny o ogledd Cymru a atebodd i'r cais a wnaed yn 1621 gan John Jones a'i frawd Thomas Jones, Rhingyll Cyffredin Llundain, am wybodaeth ychwanegol a fyddai o gymorth i John Speed. Ar y pryd, roedd Speed yn adolygu ei *Atlas*, a gyhoeddwyd gyntaf yn 1611, lle'r oedd, mewn gwirionedd, wedi cyfeirio at y prinder gwybodaeth a dderbyniasai am chwe sir gogledd Cymru.

Tynnodd John Speed sylw hefyd at ei waith gwreiddiol ef ei hun, yn enwedig wrth lunio'r cynlluniau trefi a oedd yn cyd-fynd â'r mapiau sirol,ac sydd ymhlith ei orchestion mwyaf arwyddocaol. Gyda'i fap o Gymru, cafwyd un ar bymtheg o olygfeydd o drefi Cymru, un ar gyfer pob un o'r pedair cadeirlan, a phrif drefi deuddeg o'r siroedd. Y sir a hepgorwyd oedd Sir Fynwy ond fe'i cynhwyswyd fel rhan gynhenid o fap o Gymru, ac fe'i cynhwyswyd

Second Booke: containing the Principality of Wales', included a map of Wales, **[see Plates 6 and 9]** maps of the thirteen Welsh shires with observations on administrative divisions, geographical features and historical aspects. The map of Wales appeared in a folio volume with the leaves measuring 480 x 280mm. (19" x 11"). The scale was $1^1/_8$ inch to 10 miles. The title, *Theatre...* was modelled on Abraham Ortelius's *Theatrum Orbis Terrarum* which contained, in its 1573 edition, Humphrey Llwyd's map of Wales. Speed's documentary sources included Humphrey Llwyd's translation of Dr. David Powel's *History of Cambria, now called Wales*, and also Sir John Price's description of the historical territorial divisions of Wales. The outline of the map of Wales in the *Theatre* was based upon Saxton's map. Speed commented that he had 'put my sickle into other mens corne', and acknowledged his indebtedness to other cartographers and antiquaries. The latter probably included his fellow-members of the Society of Antiquaries, established in 1586, such as Francis Tate, who had served as Second Justice on the Brecknock Circuit of the Great Sessions between 1608 and 1616, Richard Broughton, Second Justice on the North Wales Circuit between 1599 and 1604, and John Jones Gellilyfdi, the Welsh copyist. It is also possible that Sir John Wynn of Gwydir may have been one of the north Wales gentry who responded to the request, made in 1621 by John Jones and his brother Thomas Jones, Common Sergeant of London, for additional information which would assist John Speed. At this time Speed was revising his *Atlas*, first published in 1611, which had in fact referred to the paucity of information received regarding the six counties of north Wales.

John Speed also drew attention to his own original work, especially in the compilation of the town-plans which accompanied the county maps and represented one of his most significant achievements. His map of Wales was accompanied by sixteen town-views, one for each of the four episcopal centres, and the predominant town in twelve shires. The

MARE

HIBER NICVM,

Cambriæ quæ nunc ~
vulgo Wallia nuncupatur
vna cum singulis eiusdē
pouinciæ Comitatibus
et suis vndiqp confinibus.
Vera discriptio A° D· 1580

Mylford Hauen
Nangle
Tipton
Burlaxton
S. Patrik
Gupton
Kirkmal
St DAVIDS

DENBIGH

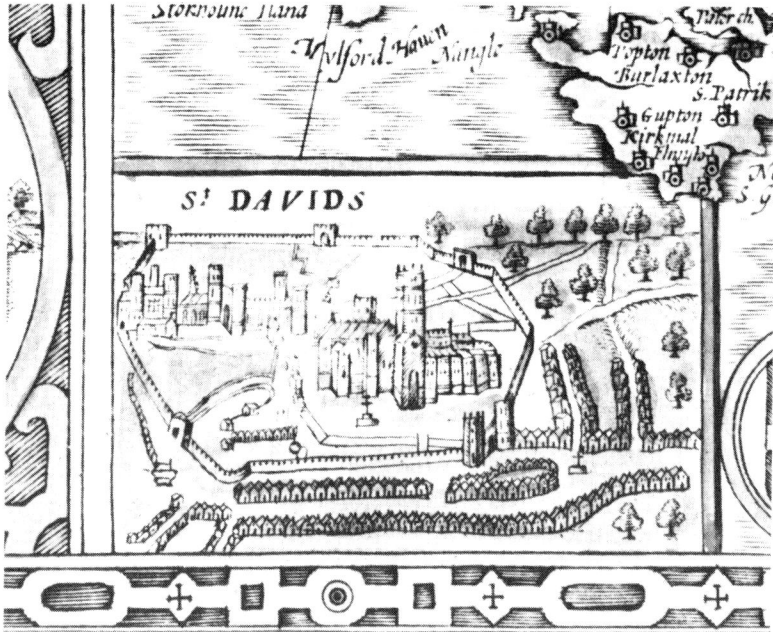

hefyd mewn cyfres o fapiau o siroedd Cymru (Booke 2, Pennod 6). Er hynny, eglurodd Speed, yn ei gyflwyniad, pam yr hepgorwyd Sir Fynwy o'r siroedd a gynrychiolid yn y grŵp o gynlluniau-trefi Cymru 'Monmouth-shire by Act of Parlament also under the same King was pluckt away wholly from Wales, and laid to England, one of whose Counties and Shires, it was from that time forward, and is at this present reckoned'. Ymddengys fod cyfiawnhad dros honiad Speed mai ef oedd awdur y mwyafrif o'r 73 o'r cynlluniau a'r golygfeydd o drefi a gynhwyswyd ym mhedwar llyfr y *Theatre*: 'some have bene performed by others, without Scale annexed, the rest by mine owne travels, and unto them for distinction sake, the Scale of pases'. Dywedwyd am ddau ohonynt, sef Penfro a Thyddewi, eu bod ' shewed in due form, as they were taken by John Speed', ac wrth gyfeirio at Aberteifi, dywedir 'surveyed by I.S'. Heb amheuaeth mae'r cynlluniau a'r golygfeydd o'r trefi wedi'u seilio ar sylwadaeth Speed wrth iddo deithio ym mhob rhan o Gymru a Lloegr, ac mewn rhai achosion, fel gyda'i fapiau'n gyffredinol, cafodd gymorth gan bobl a feddai ar lawer iawn o wybodaeth leol fanwl.

Mae enghreifftiau o fapiau Humphrey Llwyd, Christopher Saxton a John Speed yng nghasgliadau Llyfrgell Genedlaethol Cymru. Mae'r rhain yn cynnwys dau argraffiad ar hugain o bum fersiwn amrywiol o *Cambriae Typus* Humphrey Llwyd. Y mae hefyd yn yr Adran Darluniau a Mapiau argraffiadau o *The Theatre of the Empire of Great Britaine...The Seconde booke, the Principalitie of Wales....* (John Speed) a gyhoeddwyd ym 1611, 1616, efallai yn 1623, 1627, 1676 a 1713. Prynwyd map Saxton, dyddiedig 1580, mewn arwerthiant a gynhaliwyd yn Sotheby's, Llundain ym mis Gorffennaf 1986. Bwriad atgynhyrchu copïau o'r mapiau o Gymru gan Humphrey Llwyd, Christopher Saxton a John Speed, ynghyd â detholiadau ohonynt, yn y llyfryn hwn yw meithrin gwell ymwybyddiaeth o bwysigrwydd eu gwaith, hanes cartograffeg yn gyffredinol, hanes gwneud mapiau yng Nghymru a hefyd astudiaethau i wahanol

excluded county, Monmouthshire, was featured as an integral part of the map of Wales, and was included in the series of maps of the Welsh shires [Booke 2, Chapter 6]. However, the absence of Monmouthshire from the counties represented in the group of Welsh town-plans was explained by Speed in his introduction: 'Monmouth-shire by Act of Parlament also under the same King, was pluckt away wholly from Wales, and laid to England, one of whose Counties and Shires, it was from that time forward, and is at this present reckoned'. Speed's claim to be the author of a majority of the 73 inset town plans and views in the four books of the *Theatre* seem to have been justified: 'some have bene performed by others, without Scale annexed, the rest by mine owne travels, and unto them for distinction sake, the Scale of pases'. Two, namely Pembroke and St. Davids, were stated to be 'shewed in due form, as they were taken by John Speed', and Cardigan was described as having been 'surveyed by I.S.' The town plans and views were therefore undoubtedly based upon Speed's observations on his journeys to every part of England and Wales and, in some cases, as with his maps in general, he was assisted by persons who possessed detailed local knowledge.

The maps of Humphrey Llwyd, Christopher Saxton and John Speed are represented in the cartographic collection of the National Library of Wales. These include twenty two different editions of the five variant versions of Humphrey Llwyd's *Cambriae Typus*. Editions of John Speed's *The Theatre of the Empire of Great Britaine,... The Second booke, the Principalitie of Wales...* published in 1611, 1616, possibly 1623, 1627, 1676 and 1713 may also be consulted in the Department of Pictures and Maps. The Saxton map, dated 1580, was purchased at an auction held at Sotheby's, London in July 1986. The reproduction in this booklet of the maps of Wales produced by Humphrey Llwyd, Christopher Saxton and John Speed, and selected extracts from the maps, is intended to provide an enhanced awareness of the importance of their work in relation to the

agweddau ar hanes Cymru yn y cyfnod modern cynnar.

Llyfryddiaeth

Ceir mwy o wybodaeth am y pwnc hwn yn y gweithiau isod:-

B.G. Charles, *George Owen of Henllys* (1974);

I.M Evans a H. Lawrence, *Christopher Saxton, Elizabethan Mapmaker* (1979);

Olwen Caradoc Evans. 'Maps of Wales and Welsh Cartographers', *The Map Collectors' Circle*, 13 (1964);

P J French, *John Dee, The World of an Elizabethan Magus* (1972);

R. Geraint Gruffydd, 'Humphrey Llwyd of Denbigh: Some Documents and a Catalogue', *Trafodion Cymdeithas Hanes Sir Ddinbych*, 17 (1968);

E Heawood, *Watermarks, Mainly of the 17th and 18th Centuries* (Hilversum, 1950);

Robin Gwyndaf Jones, 'Sir Richard Clough of Denbigh, c. 1530-1570'; *Tr. Cym. Han. Sir Ddinbych*, 19 (1970), 20 (1971), 22 (1973);

Saunders Lewis, 'Damcaniaeth Eglwysig Brotestannaidd', *Efrydiau Catholig*, ii (1947) ac ym *Meistri'r Canrifoedd*, gol. R. Geraint Gruffydd (1973);

F.J. North, *The Map of Wales [Before 1600 A.D.]* (1935);

idem, *Humphrey Lhuyd's maps of England and of Wales* (1937);

D. Huw Owen, 'Saxton's Proof Map of Wales', *The Map Collector*, 38 (1987);

idem, 'Saxton's Proof Map of Wales c. 1580 and the Early Printed Maps of Wales', *Journal of the International Map Collectors' Society*, 9 (1990);

idem, a Julian Thomas, 'Saxton's Proof Map of Wales, 1580. Acquisition and Conservation', *Cylchgrawn Llyfrgell Genedlaethol Cymru*, XXV (1987);

Iolo a Menai Roberts, 'Printed maps of the whole of Wales 1573-1837', *The Map Collector*, 68 (1994);

R.J.Roberts, 'John Dee and the Matter of Britain', *Trafodion Anrhydeddus Gymdeithas y Cymmrodorion*, (1991);

history of cartography in general, the history of map-making in Wales, and also the study of various aspects of the history of Wales in the early-modern period.

Bibliography

The following works provide further information on this subject:- B.G. Charles, *George Owen of Henllys* (1974);

I.M. Evans and H. Lawrence, *Christopher Saxton, Elizabethan Map-maker* (1979);

Olwen Caradoc Evans, 'Maps of Wales and Welsh Cartographers', *The Map Collectors' Circle*, 13, (1964);

P.J. French, *John Dee, The World of an Elizabethan Magus* (1972);

R. Geraint Gruffydd, 'Humphrey Llwyd of Denbigh: Some Documents and a Catalogue', *Denbighshire Historical Society Transactions*, 17 (1968);

E. Heawood, *Watermarks, Mainly of the 17th and 18th Centuries* (Hilversum, 1950);

Robin Gwyndaf Jones, 'Sir Richard Clough of Denbigh, c.1530-1570', *Denbs. Hist. Soc. Trans.*, 19 (1970), 20 (1971), 22 (1973);

Saunders Lewis, 'Damcaniaeth Eglwysig Brotestannaidd', *Efrydiau Catholig*, ii (1947) and in *Meistri'r Canrifoedd*, gol. R. Geraint Gruffydd (1973);

F.J. North, The Map of Wales [Before 1600 A.D.] (1935);

idem, *Humphrey Lhuyd's maps of England and of Wales* (1937);

D. Huw Owen, 'Saxton's Proof Map of Wales', *The Map Collector*, 38 (1987);

idem, 'Saxton's Proof Map of Wales c.1580 and the Early Printed Maps of Wales', *Journal of the International Map Collectors' Society*, 9, (1990);

idem, and Julian Thomas, 'Saxton's Proof Map of Wales, 1580. Acquisition and Conservation', *The National Library of Wales Journal*, XXV (1987);

Iolo and Menai Roberts, 'Printed maps of the whole of Wales 1573-1837', *The Map Collector*, 68 (1994);

R.A. Skelton, *Saxton's Survey and Mapping of England and Wales* (1974);

S. Tyacke a J. Huddy, *Christopher Saxton and Tudor mapmaking* (1980);

G.A. Williams, *Welsh Wizard and British Empire: Dr. John Dee and a Welsh Identity* (1980);

idem, *The Welsh in their History* (1982).

Cedwir y llythyr a anfonwyd gan Humphrey Llwyd at Abraham Ortelius ychydig cyn iddo farw yn Llyfrgell Genedlaethol Cymru [NLW MS 13187] ac fe'i cyhoeddwyd yn y *Tr. Cym. Han. Sir Ddinbych*, 17 (1968), [gweler Gruffydd uchod].

Mae saith map sirol Saxton yn dangos tair sir ar ddeg Cymru, wedi'u rhestru yn y gartolyfryddiaeth a chatalog yr arddangosfa, [Robert Davies], *Mapiau Printiedig Cynnar o Siroedd Cymru / Early Printed County Maps of Wales*, 1579 - 1626, a drefnwyd yn Llyfrgell Genedlaethol Cymru yn 1980. Mae copi ffacsimili o gopi'r Llyfrgell Brydeinig o fap wal 1583 Saxton wedi'i gyhoeddi yn R.A Skelton, *Saxton's Survey of England and Wales with a facsimile of Saxton's wall-map of 1583*, (Nico Israel, Amsterdam, 1974).

Cyhoeddwyd atgynhyrchiadau o fapiau yn argraffiad Lladin 1616, John Speed, *Theatrum Imperii Magnae Britanniae* a leolir yn y Llyfrgell Brydeinig yn *The Counties of Britain, A Tudor Atlas by John Speed*, cyflwyniad gan Nigel Nicolson (1988). Ailagraffwyd argraffiad 1676 o'r *Theatre of the Empire of Great Britaine*, Rhan II, gyda nodyn llyfryddol rhagarweiniol gan John E. Rawnsley, yn 1970.

Cydnabyddiaeth

Rwy'n ddiolchgar i Dr. Brynley F. Roberts a Mr Robert Davies a ddarllenodd y llawysgrif ac a gynigiodd awgrymiadau gwerthfawr; fi fy hun sy'n gyfrifol am y testun ac unrhyw gamgymeriadau.

R.J. Roberts, 'John Dee and the Matter of Britain', *Transactions of the Honourable Society of Cymmrodorion*, (1991);

R.A. Skelton, *Saxton's Survey and Mapping of England and Wales* (1974);

S. Tyacke and J. Huddy, *Christopher Saxton and Tudor map-making* (1980);

G.A. Williams, *Welsh Wizard and British Empire: Dr. John Dee and a Welsh Identity* (1980);

idem, *The Welsh in their History* (1982).

The letter sent by Humphrey Llwyd to Abraham Ortelius shortly before his death is preserved at the National Library of Wales [NLW MS 13187] and has been published in the *Denbs. Hist. Soc. Trans.*, 17 (1968), [see Gruffydd above].

The seven Saxton county maps, featuring the thirteen shires of Wales, are listed in the carto-bibliography and catalogue of the exhibition, [Robert Davies], *Mapiau Printiedig Cynnar o Siroedd Cymru / Early Printed County Maps of Wales, 1579-1626*, mounted at the National Library of Wales in 1980. A facsimile version of the British Library copy of the 1583 Saxton wall-map has been published in R.A. Skelton, *Saxton's Survey of England and Wales with a facsimile of Saxton's wall-map of 1583*, (Nico Israel, Amsterdam, 1974).

Maps reproduced from the 1616 Latin edition of Speed's *Theatrum Imperii Magnae Britanniae*, housed in the British Library, were published in *The Counties of Britain, A Tudor Atlas by John Speed*, introd. Nigel Nicolson (1988). The 1676 edition of Speed's *Theatre of the Empire of Great Britaine*, Part II, with an introductory bibliographic note by John E. Rawnsley, was re-printed in 1970.

Acknowledgement

I am grateful to Dr. Brynley F. Roberts and Mr Robert Davies who read the manuscript and offered valuable suggestions; the responsibility for the text and for any errors is entirely mine.

RHESTR O'R PLATIAU

LIST OF PLATES

Cynlluniwyd ac argraffwyd yn Llyfrgell Genedlaethol Cymru
Designed and printed at The National Library of Wales
1996